DEBUT D'UNE SERIE DE DOCUMENTS
EN COULEUR

LES FRANCHISES

DU

PAYS DE GEX

ET LA

RUPTURE DU TRAITÉ FRANCO-SUISSE

PAR

LÉON MODAS

Président de la Chambre des notaires de l'arrondissement de Gex.

FERNEY-VOLTAIRE (Ain)

Janvier 1893

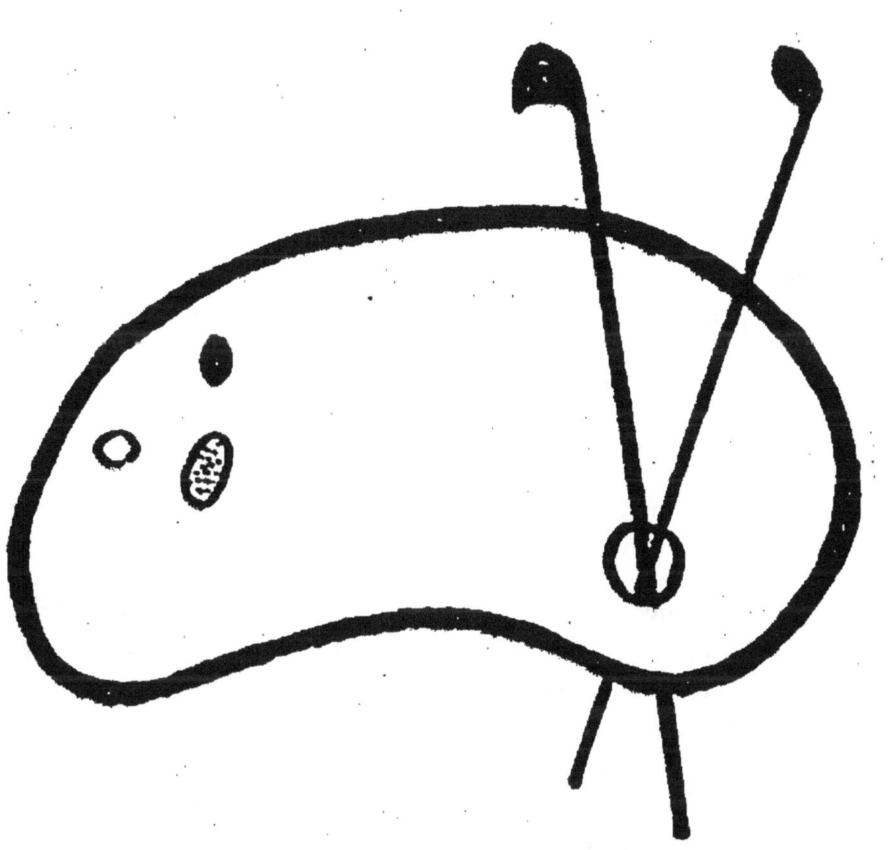

FIN D'UNE SERIE DE DOCUMENTS
EN COULEUR

LES FRANCHISES

DU

PAYS DE GEX

ET LA

RUPTURE DU TRAITÉ FRANCO-SUISSE

I

Par suite du rejet par la Chambre française du projet
d'arrangement douanier, que la Suisse voulait nous imposer,
l'arrondissement de Gex va subir la crise agricole commerciale et industrielle la plus redoutable qu'il ait éprouvée
depuis plusieurs siècles, c'est notre ruine à bref délai.

La Confédération helvétique vient de nous refuser ses
billets de franchise, en méconnaissant nos droits, elle
commet envers un petit coin de la France, qui jusqu'à ce
jour a vécu pour ainsi dire de sa propre vie, une injustice
des plus criantes.

La Suisse pourra en effet continuer à inonder de ses
marchandises le pays de Gex sans payer un centime de
droits, tandis que nous, malheureux habitants de ce petit
arrondissement, séparé de la France par les plus hautes
cimes du Jura, qui n'avons que Genève pour écouler nos
produits, nous allons être soumis aux droits les plus exor-
bitants, quelle que soit la direction que nous prenions pour
les vendre.

D'un côté notre voisine nous appliquera son tarif maximum majoré, nous supprimant les billets de franchise qu'elle nous délivrait jusqu'à ce jour, et d'un autre côté la douane française à Bellegarde nous fera payer aussi le tarif maximum, comme si nos marchandises étaient de provenance suisse.

Pour la première fois aujourd'hui, la Suisse affecte de ne pas reconnaître nos franchises.

Depuis 1849, époque de l'établissement des péages fédéraux, nous n'avons cessé de protester contre l'interprétation donnée à notre égard, par la Suisse seule, dans le cas juge et partie, au traité de Paris de 1815 ; aussi avions-nous obtenu partiellement gain de cause par la délivrance de ces billets de franchise pour un certain nombre de produits seulement ; ce n'était qu'une demi-satisfaction ; à partir du 1er janvier 1893, elle vient de nous les refuser.

Que devons-nous faire devant la nouvelle situation qui nous est créée, si une entente amiable n'intervient pas promptement ? Nous n'avons plus qu'un suprême moyen de nous faire rendre définitivement justice, c'est de nous adresser aux puissances signataires du fameux traité qui fixe notre position douanière, elles nous serviront d'arbitres, et nous expliqueront le sens et les conséquences des articles qui nous concernent.

Le pays de Gex a en effet toujours joui du droit d'exporter librement à Genève et en Suisse, sauf depuis 1849, époque où ce droit avait été réduit par cette dernière. Genève et la Suisse ont toujours eu, et encore maintenant, la liberté commerciale la plus entière avec le pays de Gex. La nature des lieux, la hauteur de la chaîne du Jura qui l'enferment dans le bassin du Léman et le sépare de la France, le manque d'une ligne de chemin de fer, ont créé cette nécessité. Genève est le marché naturel du pays de Gex, très éloigné de tout autre centre commercial français, et le pays de Gex est un débouché naturel du commerce genevois.

Sous les ducs de Savoie comme sous les rois de France, les conséquences particulières de cette situation géographique ont été reconnues par les lois de l'État et consacrées par dérogation spéciale.

Henri IV a reconnu nos franchises en 1604 après l'annexion à la France et Louis XV ensuite en 1724; supprimées pendant quelque temps, Turgot les a rétablies à la demande de Voltaire, alors que nous succombions devant les envahissements des fermiers généraux.

Le droit moderne a été fondé sur le traité de Paris du 20 novembre 1815 intervenu entre la France, l'Autriche, la Grande-Bretagne, la Prusse et la Russie, la Suisse n'y figurait même pas comme partie contractante. En fixant notre sort et en nous assimilant à l'étranger, au point de vue douanier, c'est-à-dire à la Suisse, les puissances alliées n'ont certainement pas eu l'intention de faire bénéficier seule notre voisine de l'état de choses qu'elles créaient. Le paragraphe 5 art. 1 de ce traité est ainsi conçu :

La ligne des douanes françaises sera placée à l'ouest du Jura de manière que tout le pays de Gex se trouve hors de cette ligne.

En outre, en vertu du même article, six de nos communes étaient annexées à la Suisse pour former la partie nord du canton de Genève.

Or, après ce démembrement, il est de toute évidence qu'il n'entrait pas dans le dessein des plénipotentiaires de traiter le reste du pays de Gex sur un autre pied que le nouveau canton suisse formé pour partie de notre propre territoire et d'accorder, sans retour pour nous, des droits douaniers sur notre arrondissement ; ils impliquaient nécessairement la réciprocité, et s'il n'a pas été question des douanes fédérales dans le traité, c'est pour la bonne raison qu'elles n'existaient pas à cette époque.

Les billets de franchise que la Suisse nous a délivrés de 1849 à ce jour, prouvent suffisamment qu'elle reconnaissait elle-même le principe et nous devoir une compensation, par suite de cet établissement · la seule difficulté qui soit survenue résidait dans la quantité et la nature des produits à affranchir.

Pourquoi la Confédération a-t-elle changé dernièrement sa manière de voir et de faire à notre égard ? En avait-elle le droit ? Il n'est pas douteux que si elle a rompu avec son passé c'est seulement dans un but comminatoire et comme moyen d'intimidation pour essayer d'obtenir de la France la réduction qu'elle demandait à son tarif minimum ; la tentative n'ayant pas réussi, il n'est pas douteux non plus qu'elle revienne sur cette mesure, aussi préjudiciable pour Genève que pour nous, et qu'elle n'avait pas droit de prendre. La Suisse est trop loyale pour agir autrement, ce n'est certainement pas par la mauvaise foi qu'elle cherchera à échapper aux conséquences d'un contrat régulièrement passé, nous en avons la certitude, mais bien par une entente amiable ou, à son défaut, par l'acceptation sincère de la décision impartiale et désintéressée d'arbitres compétents qui ne peuvent être autres que les quatre puissances dont nous avons déjà parlé.

Les traités de 1815 n'ont pas cessé d'exister, la Suisse plus que toute autre nation est intéressée à ce qu'ils soient maintenus et à l'occasion elle sait très bien se retrancher derrière eux, nous l'avons bien vu dernièrement lorsqu'il a été question de fortifier la partie neutre de la Haute-Savoie, aussi ne trouvera-t-elle pas mauvais que nous revendiquions le bénéfice de ces mêmes traités, lorsqu'ils sont en notre faveur.

C'est là, le seul moyen pratique, croyons-nous, que nous,

nous puissions adopter pour arriver à une prompte et satisfaisante solution.

Si nous voulions répondre à un mauvais procédé, nous pourrions bien, à titre de représailles, faire déplacer la ligne de douane de l'ouest du Jura, et la porter à la frontière côte à côte avec les péages fédéraux ; mais le remède serait pour nous pire que le mal, il ne faut pas que sous prétexte de perdre Genève, nous nous perdions nous-même ; la mesure n'aurait d'ailleurs guère d'efficacité puisque nous sommes liés pour la zône de Savoie encore jusqu'en 1913.

De deux maux, choisissons le moindre.

Les douaniers français, en quittant la vallée de la Valserine pour venir à Ferney, ne nivelleraient pas la place qu'occupe le Jura, n'édifieraient pas ou ne rapprocheraient pas de nous des villes françaises où nous puissions écouler facilement nos produits, ils n'ouvriraient pas de nouvelles voies de communication ; enfin, ils ne pourraient empêcher que Genève demeure notre grand débouché et le centre de nos approvisionnements.

Ce serait donc le comble de la sottise et de la puérilité que dans le seul but d'être désagréables à nos voisins, nous demandions un second cordon de douanes à notre porte, pour nous étrangler nous-mêmes plus rapidement.

Du reste, si nous procédions de la sorte, la Confédération helvétique qui prétend avoir respecté le traité de Paris, en établissant en 1849 des péages fédéraux à la frontière du pays de Gex, ne manquerait pas de nous accuser de le violer nous-mêmes sous prétexte que la position de notre douane est fixée exactement, tandis qu'il n'est pas question de la sienne, c'est elle du moins qui lui donne cette interprétation, reste à savoir si les puissances seraient de son avis et surtout si elles décideraient que nous, gessiens, nous n'avons droit à aucune compensation.

CONCLUSION

L'expérience du passé et du présent nous démontre que si d'ici à quelques années, nous ne voulons pas voir nos champs en friches, nos villages abandonnés et leur population émigrer en des régions plus heureuses, nous devons revendiquer nos franchises avec l'énergie du désespoir. Comme en 1879, reconstituons la ligue des intérêts gessiens; que chaque village forme son comité et surtout gardons-nous de nous diviser sur nos moyens de défense.

Que les sénateurs, les députés et le Conseil général de l'Ain présentent nos doléances au gouvernement et dans le cas où l'appel à la loyauté de la Suisse resterait sans résultat, et où elle continuerait à nous refuser ses billets de franchise, que M. le ministre des affaires étrangères fasse les démarches nécessaires pour obtenir le bon office des quatre puissances signataires du traité de Paris, car nos franchises sont au-dessus de tous les traités de commerce par leur origine et leur ancienneté; ce n'est pas la Suisse qui nous les a octroyées, ce n'est pas elle qui peut nous les supprimer.

Avant tout, et comme mesure immédiate, demandons des modifications, les plus larges possibles, à l'arrêté de la Direction générale des douanes, du 3 mai 1863, fixant nos importations en France, de manière à ce que nous puissions écouler sans restriction, par Bellegarde, nos produits tant agricoles qu'industriels, que nous ne pouvons plus introduire en Suisse, l'administration dût-elle pour en constater l'origine, établir de nouveaux postes de contrôleurs des douanes à Gex, Ferney et Collonges, si celui de Saint-Genis ne suffit pas.

Enfin qu'on se hâte de construire notre chemin de fer Collonges-Divonne.

II

DOCUMENTS HISTORIQUES

Pour prouver que nos revendications sont bien fondées, il est indispensable de faire connaître les documents historiques et authentiques, sur lesquels nous nous appuyons pour obtenir de la Suisse la suppression des mesures qu'elle vient de prendre à notre égard, en nous refusant ses billets de franchise.

Ces documents, tirés de deux ouvrages d'auteurs genevois, MM. Albert Rilliet et Edmond Pictet, possesseurs des lettres citées, sont assez sérieux pour ne pas être mis en doute ; les plus importants, du reste, se trouvent à Paris aux archives du ministère des affaires étrangères.

Il résulte clairement des pièces diplomatiques et de la correspondance de M. Pictet de Rochemont, envoyé extraordinaire de la Confédération Helvétique auprès des plénipotentiaires signataires du traité de Paris de 1815, que c'est à la demande de la Suisse que le pays de Gex a été neutralisé au point de vue douanier, et que la réciprocité des échanges était une conséquence de cette demande.

M. Albert Rilliet, dans son histoire de la Restauration de la République de Genève (Gruaz, Genève 1849) s'exprime ainsi, page 327 :

« L'éloignement des douanes sardes et françaises au delà
« des montagnes était encore un point sur lequel, sans
« aucun dissentiment, la Commission diplomatique du
« Conseil d'Etat de Genève, avait chargé M. Pictet de
« Rochemont d'insister avec force, dans l'intérêt des rela-
« tions commerciales et de la libre communication entre
« Genève et les districts limitrophes, que leur position rend
« tout à la fois ses fournisseurs et ses consommateurs
« naturels. »

Les membres de la Commission diplomatique fédérale avaient aussi préparé pour M. Pictet des instructions où les intérêts de Genève étaient traités avec assez de développement. Il y était dit notamment, page 329 :

« M. Pictet réclamera, en outre, la neutralisation du pays
« de Gex, et la translation des douanes françaises au delà
« du Jura : il insistera sur ces deux points avec plus
« de force encore, si la France refusait toute cession du
« territoire. »

Arrivé à Paris, le 27 août 1815, M. Pictet de Rochemont apprit qu'aucune détermination n'avait été prise par les cabinets alliés, relativement aux conditions qui seraient faites à la France ; rien ne restreignait par conséquent l'étendue des instructions qu'il avait reçues.

Le 30 septembre, il remit son mémoire à M. Capo d'Istria,

l'un des représentants de la Russie, qui lui offrit de présenter et de soutenir en son propre nom, dans les conférences ministérielles, la rédaction qui lui avait été remise.

Cette rédaction, qui fut également communiquée le même jour à M. de Wessenberg (Russie), spécifiait, quant à ce qui concernait plus immédiatement Genève, que « les douanes « sardes et françaises seraient reculées et le canton de « Genève désenclavé et, qu'en outre, pour maintenir autant « que possible la bonne harmonie entre les deux populations « française et suisse, une zone du territoire français de trois « lieues de largeur, entre Bâle et Genève, serait considérée « comme neutre au point de vue douanier. »

Après des pourparlers et des discussions qui durèrent pendant un mois, le 2 octobre les plénipotentiaires des quatre cours alliées et M. de Richelieu, ministre des affaires étrangères en France, étaient parvenus à s'entendre sur les bases d'un nouvel arrangement entre la France et l'Europe.

Dans cet arrangement qui devait servir de direction pour la rédaction d'un traité définitif, il était dit à l'article 2 : « Versoix, avec le territoire nécessaire pour mettre le canton « de Genève en communication directe avec la Suisse, sera « cédé à la Confédération Helvétique et *la ligne des douanes* « *sera placée de la manière la plus convenable au système* « *d'administration des deux pays.* »

Cet article n'indique-t-il pas clairement les intentions des plénipotentiaires ? Aussi est-il de la plus haute importance pour nous : ce n'est pas seulement à la convenance de la Suisse seule que le déplacement de la douane est décidé, mais bien à celle *des deux pays.* N'est-ce pas là le principe de la réciprocité reconnu ?

Dans la journée du 5 octobre, l'envoyé de la Confédération avait reçu communication des nouvelles bases sur lesquelles les alliés et la France étaient tombés d'accord. Cette fois on ne demandait pas à la Suisse son avis, on se bornait à l'informer de ce qui avait été décidé.

A ce sujet, Pictet écrivait le 6 octobre (correspondance de Pictet de Rochemont. — Georg, Genève 1892, page 290) : « Impossible de voir ni le duc de Richelieu ni M. de Wessen- « berg, je comprends bien qu'ils ne puissent me recevoir. « Mais j'ai fait et je ferai pour l'acquit de ma conscience « tout ce que je pourrai pour que la tâche soit remplie le « moins mal possible. L'affaire des douanes me tient main- « tenant fort à cœur ; le mot sur lesdites douanes inséré « dans les bases du nouveau traité, *est une conquête du genre* « *de celles qui ne peuvent faire de mécontents*. Je dois l'inser- « tion de ce mot à Capo d'Istria et à Wessenberg, et si « j'obtiens ce que j'espère un peu, *je me ferai bénir sur toute* « *la frontière de Bâle à Genève, tant par les Suisses que par* « *les Français, car il est difficile de dire auxquels j'aurai* « *rendu le plus grand service*. »

Les intentions du représentant de la Confédération sont-elles plus douteuses ? n'entend-il pas dans l'intérêt des populations suisses de la frontière, rendre le même service à celles de la France ? dans sa lettre du 8 octobre ci-après transcrite, ne dit-il pas que ces avantages seront *réciproques* pour les communes frontières ?

A peine ces bases du 2 octobre étaient-elles signées, que de nombreuses difficultés sur d'autres points surgirent entre les alliés et la France, et retardèrent jusqu'au 20 novembre la signature définitive du traité. Aussi M. Pictet de Rochemont mit-il à profit ces quarante-cinq jours pour tâcher d'obtenir des puissances ce qu'il avait demandé en dernier lieu en faveur de la Suisse, soit : l'éloi-gnement de la douane au-delà du Jura et du Doubs et l'an-nexion de neuf communes du pays de Gex, y compris Ferney, Prevessin et Moëns.

Le 8 octobre il écrivait (correspondance page 293) :

« J'ai eu ce matin une conférence avec M. de Riche-
« lieu, etc... J'ai insisté sur ce que c'était une chose indis-
« pensable à notre existence, comme Suisses, que d'être en
« contact avec nos confédérés. J'ai ensuite passé à l'histoire
« de l'abonnement du pays de Gex avant 1789, régime qui
« était encore regretté et redemandé dans cette contrée. J'ai
« exprimé l'avantage de ne plus laisser aux incidents jour-
« naliers de la contrebande, la possibilité de se reproduire
« et j'ai proposé d'étendre cette mesure jusqu'à Bâle. J'ai
« fait observer *que cet avantage était réciproque pour les*
« *communes frontières*, que cela favorisera les échanges et
« le commerce des denrées, de la liberté duquel je suis très
« partisan, etc. J'ai beaucoup fait valoir l'avantage de main-
« tenir la bonne intelligence entre les populations qui ont
« toute sorte de rapports entre elles; il ne m'a pas fait
« d'objection et je le crois gagné à cette idée. »

Le duc de Richelieu fit entrevoir, dans la conférence
où l'on introduisit ce sujet, que la cession de Ferney et le
déplacement des douanes souffriraient des difficultés dans
le conseil des ministres, auquel il devait soumettre, avant
de leur donner son assentiment, les propositions des puissances. Alors M. Pictet insista personnellement auprès de lui,
sur l'avantage réciproque pour la France et pour la Suisse (¹)
(celle-ci n'ayant pas de lignes de douanes), à laisser entre
les deux pays, une zone libre, qui éloignerait les inconvé-
nients de tout genre qu'un contact journalier fait naître
entre les douaniers de l'extrême frontière et les habitants
du territoire limitrophe. Il lui rappela que du temps, et
grâce à l'intervention de Voltaire, le pays de Gex avait
obtenu, à son grand bénéfice, d'être affranchi de la présence

______

(¹) Rilliet, page 351.

des douanes, et il ajouta qu'un tel précédent justifiait assez la demande qu'il faisait de reporter au-delà du Jura les bureaux français. M. de Richelieu parut disposé, quant à lui, à ne la pas repousser. Moins favorable pour la cession de Versoix et des cinq autres communes du pays de Gex, Collex-Bossy, Pregny, Grand-Saconnex, Meyrin, Vernier, il finit pourtant par se rendre aux arguments de M. Pictet de Rochemont, contre lequel toutefois il invoqua à son tour, pour ne *pas abandonner Ferney, le souvenir de Voltaire.*

Voici une deuxième lettre de M. Pictet de Rochemont du 19 octobre, qui n'est pas sans importance (correspondance page 302) :

« Avant-hier, j'ai eu une audience de lord Castléreagh
« (plénipotentiaire anglais). Celui-ci m'écouta avec attention
« *sur la grande convenance qu'il y avait pour la Suisse à*
« *écarter la ligne des douanes,* ainsi qu'il est dit dans mon
« projet de rédaction présenté par M. de Wessenberg *(l'alter*
« *ego de M. de Metternich)* aux quatre puissances (alliées).

« Si le duc de Richelieu, ministre des affaires étrangères
« de France, devait y faire des objections, je lui faisais
« remarquer que *la partie n'était pas égale entre la Suisse et*
« *la France, que la première n'avait pas de douanes, tandis*
« *que la seconde en avait de très vexatoires,* ainsi que le Pié-
« mont, dont j'eus soin de qualifier fortement la législation
« commerciale. Je représentai que c'était une source inta-
« rissable d'incidents, de querelles, de reproches, de soup-
« çons et d'inimitiés ; que cela empoisonnerait une zone de
« la population des deux pays. Je rappelai le « précédent »
« du pays de Gex, pays heureux tant qu'avait subsisté cette
« franchise, amèrement regrettée aujourd'hui et dont le
« fisc lui-même ne se trouvait pas mal.

« J'insistai encore sur ce que la Suisse avait renoncé à
« toute idée d'extension et que c'était bien le moins que,

« pour prix de sa conduite, *elle obtint une chose qui lui*
« *vaudrait mieux que l'acquisition d'une province, etc.* »

C'était donc bien et surtout *parce que la partie n'était pas
égale entre la Suisse et la France* que le délégué fédéral
réclamait des puissances, avec tant d'insistance, et faisait
imposer le déplacement de cette *douane française très vexa-
toire*. Aujourd'hui la situation est retournée, c'est le pays
de Gex qui n'a pas de douanes, tandis que la Suisse en a
établi de plus vexatoires encore que celles que nous avions
à cette époque. Aussi n'est-il pas possible que le gouvernement fédéral et les puissances qui, en 1815, reconnaissaient
cette situation comme très préjudiciable et inacceptable
pour la Suisse, décident en 1893 qu'elle soit plus tolérable
pour nous.

On était arrivé à la fin du mois d'octobre, et rien ne sem-
blait devoir arrêter plus longtemps la conclusion de l'arrangement définitif entre la France et les autres puissances.
En ce qui concernait Genève, M. de Richelieu était prêt à
entrer dans les vues des négociateurs, lesquelles étaient
conformes à celles de M. Pictet. Mais, au moment où l'on
allait signer le protocole qui renfermait les divers points
sur lesquels on paraissait d'accord, le chef du cabinet français, pressé par son collègue le ministre des finances, dé-
clara qu'il ne pouvait donner son consentement à la franchise douanière concédée sur la frontière suisse. Cet inci-
dent suspendit tout. Informé de cet accroc, M. Pictet eut
recours à l'intervention de M. le baron Girod, avec lequel
il était d'accord sur la convenance pour le pays de Gex, de
rentrer dans la situation qui lui avait été faite, sous ce rap-
port, avant la révolution ; M. Girod parvint à triompher de
l'opposition du ministre des finances. M. Capo d'Istria, de
son côté, insista vivement sur ce sujet auprès de M. de
Richelieu, lui représentant que cette mesure prise par la
France donnerait bien plus de force à la demande sem-

blable qu'on adressait à la cour de Turin. Ces démarches furent couronnées d'un demi-succès. En effet, au lieu d'obtenir, comme on avait pu l'espérer, l'éloignement des douanes françaises sur toute l'étendue des frontières suisses, on ne put y réussir que relativement au pays de Gex. Cette restriction limita également à la frontière genevoise le reculement des douanes sardes, qui sans cela, aurait également été effectué tout le long de la ligne des limites de la Suisse.

Le 2 novembre, M. Pictet de Rochemont, écrivait (correspondance page 314) :

« Toujours des accrocs et des inquiétudes... Il paraît que
« le ministre (français) des finances a houspillé le duc
« de Richelieu sur le reculement des douanes et lui a repro-
« ché de sacrifier les intérêts financiers de France. J'ai vu
« venir, en causant ce matin avec Capo d'Istria, que l'intérêt
« de la Suisse n'arrêterait pas deux minutes la signature si
« impatiemment désirée. Je lui ai dit que je possédais, sur
« cette question des douanes, un mémoire relatif au pays
« de Gex en particulier et qui, vu sa date (1758), n'était pas
« suspect, lequel mémoire démontrait qu'il y avait avantage
« pour le Trésor, pour la population du pays, pour les
« voisins, et par conséquent pour la bonne harmonie, dans
« ce reculement des douanes. Alors nous sommes convenus
« que je lui enverrai de suite cet écrit (que m'a prêté Girod
« de l'Ain), en l'accompagnant d'une lettre qu'il pourra
« montrer au ministre des finances. Capo d'Istria tâchera
« de voir ce dernier aujourd'hui même. Je crains de ne pas
« obtenir le reculement pour toute la frontière jusqu'à Bâle,
« mais il me semble très improbable que l'objet qui inté-
« resse de près Genève, ne s'obtienne pas. »

En présence de ces documents, personne ne peut douter un instant que :

1° Si les puissances nous ont imposé en 1815 le déplacement de la douane française à l'ouest du Jura, c'est sur la demande de la Suisse qui n'en avait elle-même, *et pour établir la réciprocité des échanges*;

2° Que la Suisse, nation non signataire du traité de Paris, ayant demandé *cette situation douanière réciproque* acceptée par elle, n'a pas le droit, sans le concours de ces mêmes puissances, de changer à son gré et pour son seul intérêt les conditions d'un traité imposé à elle comme à nous;

3° Qu'en établissant les douanes fédérales en 1849, la Suisse *a rompu l'équilibre de ses relations* avec le pays de Gex, imposé par le traité en question, mais qu'à titre de compensation, au droit incontestable, qu'elle a reconnu jusqu'au 1er janvier dernier, elle nous a délivré des billets de franchise;

4° Que ces billets de franchise ne sont pas une gracieuseté ni une aumône qu'elle nous faisait, mais bien la conséquence *d'une obligation qu'elle nous doit encore* en vertu de titres qu'elle ne peut annuler seule et qui ne lui permettent pas de se dégager sans le consentement de tous les contractants;

5° Qu'elle nous doit ces franchises non-seulement sur certaines marchandises, *mais encore sur tous les produits et denrées du pays de Gex*, et par réciprocité, aucune restriction n'étant faite pour l'introduction chez nous des marchandises d'origine suisse.

C'est pourquoi nous attendons avec confiance la décision que prendront à notre égard les autorités fédérales après avoir examiné scrupuleusement et avec impartialité les revendications que doit lui présenter le gouvernement français.

De notre côté, nous respectons à l'égard de la Suisse, d'autres articles du traité de Paris, espérons que, pour ceux qui ont trait aux franchises du pays de Gex, elle sera à l'avenir aussi scrupuleuse que nous. On évitera de cette façon, de part ou d'autre, la demande d'intervention des quatre puissances.

LES

ZONES DOUANIÈRES

DE LA

HAUTE-SAVOIE ET DU PAYS DE GEX

Nous venons de voir que la zone douanière franche du Pays de Gex, résultait de l'article Ier, paragraphe 3 du traité de Paris, du 20 novembre 1815, imposé à la France comme à la Suisse, et que cette dernière nation n'était pas signataire de ce traité.

Quant à celles de la Haute-Savoie, qui sont : la première *la petite zone* dite *sarde*, et la seconde *la grande zone* dite *d'annexion*, elles ont deux origines bien différentes.

La petite zone qui ne comprend qu'une petite bande d'une lieue de largeur sur territoire savoyard, est située entre la frontière du canton de Genève, Douvaine, Annemasse et les versants nord du mont Vuache, du Mont de Sion et du Salève ; elle tient son existence des articles 3 et 21 du traité de Turin du 16 mars 1815, dont voici le texte :

« MM. L. de Montiglio et L. de Provana de Collegno « pour S. M. le roi de Sardaigne, et M. le conseiller d'État

« Ch. Pictet de Rochemont pour la Confédération suisse et
« le canton de Genève, ont convenu ce qui suit : etc.

« Art. 3. — Pour entrer dans le sens du protocole, rela-
« tivement aux douanes, en conciliant néanmoins, autant
« qu'il est possible, ses dispositions avec les intérêts de
« S. M., la ligne de douane dans le voisinage de Genève et
« du lac, passera à partir du Rhône, par Cologny, Valeiry,
« Chancy, le Luiset, le Châble, le Sapey, le Viaison, Etrem-
« bières, Annemasse, Ville-la-Grand, le long du cours du
« Foron, jusqu'à Machilly, puis Douvaine et Colongette,
« jusqu'au lac, et le long du lac jusqu'à la Meillerie, pour
« reprendre ensuite et continuer la frontière actuelle par le
« poste le plus voisin de Saint-Gingolph ; bien entendu que,
« dans la ligne détermitée, il sera libre à S. M. de faire les
« changements et les dispositions qui lui conviendront le
« mieux pour le nombre et le placement de ces bureaux.
« Aucun service ne pourra être fait ni sur le lac, ni dans la
« zone qui sépare du territoire de Genève la ligne ci-dessus
« indiquée ; il sera néanmoins loisible, en tout temps, aux
« autorités administratives de S. M., de prendre les mesures
« qu'elles jugeront convenables contre les dépôts et station-
« nements des marchandises dans la dite zone, afin d'em-
« pêcher toute contrebande qui pourrait en résulter. Le
« Gouvernement de Genève de son côté, voulant seconder
« les vues de S. M. à cet égard, prendra les précautions
« nécessaires pour que la contrebande ne puisse être favo-
« risée par les habitants du canton. »

« Art. 21. — L'établissement des bureaux de douanes
« sur la nouvelle ligne, entraînant des dépenses pour le roi,
« et la délimitation fixée par l'art. 1er, exigeant la construc-
« tion ou l'amélioration de plusieurs points de la route de
« communication entre la Basse-Savoie et le Chablais, une
« somme de cent mille livres de Piémont sera mise par le

« canton de Genève à la disposition de S. M. Cette somme
« sera payable à Saint-Julien, dans les dix mois qui suivront
« la signature du présent traité. »

Ce traité intervenu seulement entre la Sardaigne et la
Suisse et non entre les puissances alliées comme celui de
Paris, du 20 novembre 1815, tenait toutefois compte, relativement à cette petite zone, du désir exprimé par ces puissances dans le protocole de Paris du 3 du même mois; mais
ce protocole ne faisait qu'exprimer un vœu, et n'imposait
en aucune façon cette franchise douanière au roi de Sardaigne.

L'origine de cette zone n'est donc pas tout à fait la même
que celle du pays de Gex, aussi les conséquences en sont-
elles différentes.

Pour nous Gessiens, ni la France ni la Suisse ne peuvent
rien changer aux conditions qui nous ont été imposées,
sans le concours des quatre puissances signataires du traité
de Paris, tandis que pour la petite zone savoyarde, la Suisse
et la France substituée depuis 1860 à la Sardaigne par suite
de l'annexion, peuvent d'un commun accord et sans l'intervention d'aucune autre nation, modifier, si elles le jugent
à propos, les articles établissant cette situation douanière
(art. 1 et 2 du Traité d'annexion. Turin, 24 mars 1860).

La *deuxième zone* dite *d'annexion*, beaucoup plus étendue
comprend le surplus des arrondissements de Saint-Julien,
Bonneville et Thonon, elle résulte du décret impérial du
12 juin 1860, rendu le même jour que le Sénatus-consulte
relatif à l'annexion de la Savoie à la France; il est ainsi
conçu :

« Napoléon III, etc.

« Vu l'urgence et le Sénatus-consulte en date du
« 12 juin 1860, avons décrété ce qui suit :

« Article premier. — A dater du 14 de ce mois, la ligne

« des douanes françaises en Savoie sera établie conformé-
« ment au tableau A, annexé au présent décret.

« TABLEAU A. — La ligne de douane passera par les points
« suivants : Bassy, Châtel, Planaz, Frangy, Chilly, Bonlieu,
« les Prats, Maillet, Duret, Menthonnex, Evires, la Luaz,
« Collet, Sappey, St-Jean-de-Sixt, Chenaillon, le Plan, la
« Giettaz, Flumet, Haute-luce, la Gite, Chapieux, Bonneval,
« Lanslevillard, Lanslebourg, Bramand, Modane, St-Michel,
« St-Jean-de-Maurienne.

« ART. 2. — A partir de la même époque, les droits à
« l'entrée et à la sortie des marchandises de toute nature
« seront perçus conformément aux tarifs français.

« ART. 3. — La partie de la Savoie située au-delà de la
« ligne déterminée par l'article premier du présent décret,
« *jouira du régime exceptionnel établi dans le pays de Gex.*
« Ce régime sera organisé avant le 1ᵉʳ juillet prochain.

« ART. 4. — Notre ministre secrétaire d'Etat au départe-
« ment de l'agriculture, du commerce et des travaux publics,
« et notre ministre secrétaire d'Etat au département des
« finances (MM. E. Rouher et P. Magne), sont chargés, etc. »

Le régime exceptionnel établi dans le Pays de Gex dont il
est question dans ce décret, n'est autre que celui résultant
des règlements douaniers français pour l'importation des
produits du Pays de Gex en France et non le régime exceptionnel avec la Suisse qu'on ne pouvait exiger d'elle pour la
Savoie.

Cette grande zone établie à la demande de la population
des anciennes provinces du Genevois, du Chablais et du
Faucigny formant les trois arrondissements sus-indiqués,
était une condition essentielle de leur annexion, comme
aussi une conséquence du vote « *oui et zone* » exprimé
conformément à l'article premier du traité de Turin du
24 mars 1860, dont voici le texte :

« Il est entendu entre Leurs Majestés que cette réunion de

« la Savoie à la France sera effectuée sans nulle contrainte
« de la volonté des populations et que les gouvernements de
« l'Empereur des Français et du Roi de Sardaigne se con-
« certeront le plus tôt possible sur les meilleurs moyens
« d'apprécier et de constater la manifestation de cette
« volonté. »

Encore plus différente de celle du Pays de Gex que la
petite zone Sarde, celle dite d'annexion n'avait jusqu'en 1882
aucun caractère international, ce n'était qu'une situation
privilégiée au point de vue des importations étrangères,
dérivant d'une décision intérieure ; la Suisse pouvait se
refuser à la reconnaître, malgré les avantages qu'elle en
retirait, c'est ce qu'elle fit pendant vingt-deux ans.

Ce n'est que par la convention du 24 juin 1882 que la
Confédération se décida accorder à la Savoie des billets de
franchise pour un certain nombre de produits dans le but
d'obtenir les raccordements de chemins de fer Vollandes et
Saint-Gingolph. Conclue pour une durée de trente ans qui
doit expirer le 1er janvier 1913, cette convention pourrait
malgré le terme fixé être réduite à néant si la France le
jugeait à propos et ce en vertu de l'article final, ci-après :

« Toutefois si, avant ou après ce terme de trente ans, la
« zone franche venait à être supprimée ou modifiée soit
« quant à son étendue territoriale, soit quant à son régime
« douanier actuel, le Gouvernement fédéral suisse aura le
« droit de faire cesser les effets de la présente convention
« dès le jour de la mise en vigueur des nouvelles mesures
« dont la zone aura été l'objet. Ces mesures devront, d'ail-
« leurs, être notifiées au Gouvernement fédéral douze mois
« avant leur application. »

Donc, dans le cas où la Savoie y verrait son intérêt, le Gouvernement pourrait, en prévenant la Suisse un an à l'avance,
changer son régime douanier dans cette région et déplacer

la ligne fixée en 1860 pour la porter à la frontière suisse, mais il faudrait pour cela aussi le consentement de la majorité des électeurs qui ont voté l'annexion avec le bulletin « oui et zone », il y a engagement pris à leur égard par la France qui ne pourrait rien changer sans leur demander de nouveau leur avis. Cette mesure demandée même dans le Pays de Gex par une infime minorité, serait peut-être profitable à quelques négociants ou industriels, mais certainement préjudiciable à l'immense majorité des consommateurs et des agriculteurs qui ont tout intérêt à s'approvisionner aux prix les plus bas possible, fut-ce même en Suisse ou en tout autre pays du monde, sans payer de droits de douane.

Dans ce cas, il y aurait également lieu de respecter la ligne de douane fixée pour la petite zone par le traité de Turin de 1816.

Espérons que nous n'en arriverons pas à ces extrémités et qu'avant peu il sera donné satisfaction à nos justes réclamations.

Léon MODAS
Président de la Chambres des notaires
de l'arrondissement de Gex.

Voici le texte de la Pétition qui vient d'être signée dans toutes les communes de l'Arrondissement de Gex, et adressée à M. le député Bizot.

PÉTITION

DE

L'ARRONDISSEMENT DE GEX

(AIN)

Commune de.......   Canton de.......

Les soussignés habitants de.. ....

Conformément à la décision prise le 12 janvier 1893, à la réunion de Saint-Genis, par les Conseillers généraux, Conseillers d'arrondissement, Maires et Adjoints de toutes les Communes de l'arrondissement de Gex :

Appellent l'attention du Gouvernement et en particulier de M. le Ministre des Affaires Etrangères et de M. le Ministre du Commerce, sur la situation faite à l'arrondissement de Gex par l'arrêté du Conseil fédéral du 27 décembre 1892, qui supprime la zone de Gex et soumet ce pays au tarif général suisse prohibitif.

L'arrondissement de G   pris entre deux lignes de douanes ne peut, dès lors, exporter ni en Suisse ni en France

Les Gessiens demandent secours et protection.

On ne peut tolérer que le Gouvernement suisse fasse

payer à notre pauvre petit pays les frais du désaccord commercial franco-suisse.

La Confédération ne peut annuler d'un trait de plume la zone de Gex consacrée par les traités de 1815 alors que le canton de Genève s'est accru par ces mêmes traités de six communes du Pays de Gex, et alors qu'elle revendique tous les jours, en se fondant sur eux, la neutralité de la Savoie du Nord.

Il est donc au pouvoir de la France de faire respecter nos droits.

D'un autre côté, pour mettre un terme à l'appauvrissement progressif de notre arrondissement et à sa dépopulation attestée par les recensements quinquennaux, pour lui rendre les éléments de vitalité indispensables à son existence, les soussignés supplient le Gouvernement :

1° D'activer la construction du Collonges-Divonne qui supprimera le transit suisse, nous permettra de n'être plus tributaires de Genève et de son port franc ; qui, enfin, nous donnera la faculté d'expédier des marchandises dans l'intérieur et d'en recevoir.

2° De reviser l'arrêté des douanes du 31 mai 1863 relatif aux importations à l'intérieur, et de faire des concessions importantes aux produits de la zone gessienne.

On ne peut condamner plus longtemps un arrondissement déshérité à végéter sans commerce ni industrie, sans lui rendre possible d'utiliser ses cours d'eaux.

Les industries établies dans la zone de Gex, ou qui s'y établiront à l'avenir, doivent être autorisées à introduire leurs produits dans l'intérieur, sous la garantie du contrôle des douanes constatant l'origine de la matière première et fixant s'il est nécessaire, des chiffres de crédit.

4° De soumettre les commis-voyageurs suisses en France et notamment dans les zones, aux mêmes droits de patente que ceux subis par les commis-voyageurs français en Suisse.

La population de l'Arrondissement de Gex s'est accrue régulièrement de 1815 à 1849 tant que furent respectées ses franchises commerciales.

Les recensements de 1841 fixent le chiffre de la population à 23.040 habitants, celui de 1846 à 23.073.

En 1849 la Suisse entoure sa frontière de bureaux de péage et dès lors les recensements fournissent les chiffres suivants :

1851	22.835
1856	22.101
1861	21.507
1866	21.454
1872	20.954
1876	21.107
1881	21.149
1886	20.907
1891	20.350

L'arrondissement de Gex a donc perdu 2.500 habitants, soit 1 sur 7 de sa population depuis l'établissement des péages fédéraux.

(Suivent les signatures).

89

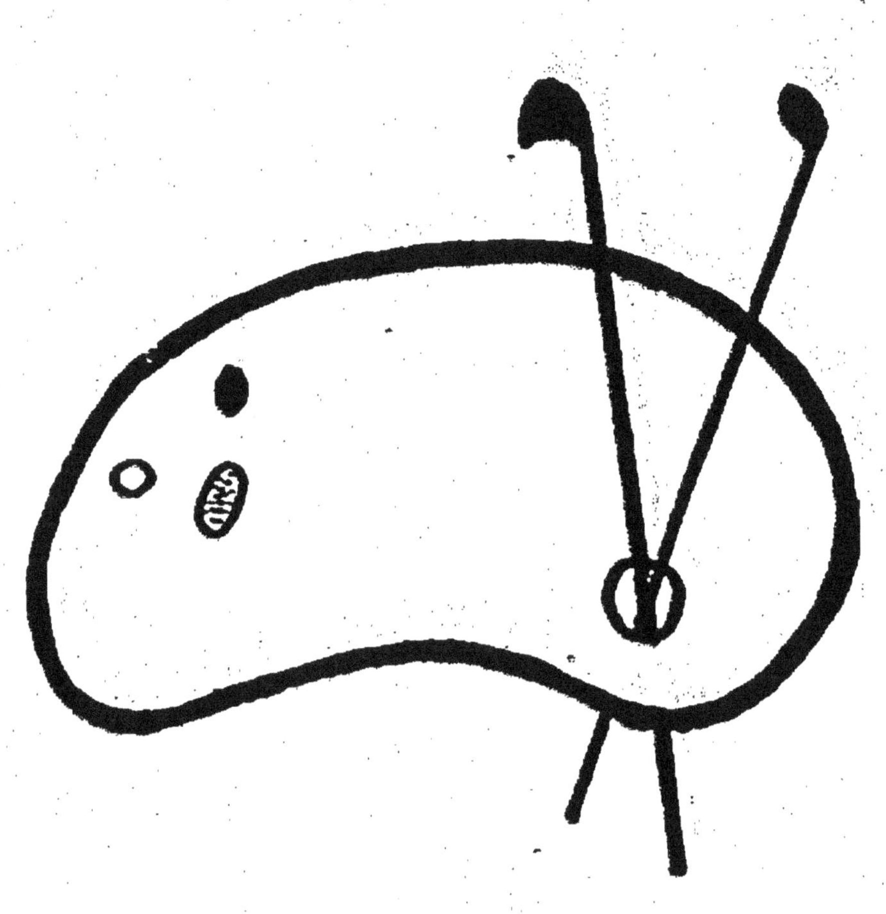

www.ingramcontent.com/pod-product-compliance
Lightning Source LLC
Chambersburg PA
CBHW061800060726
47597CB00007B/3036